De l'Impr. de PAULUS-DU-MESNIL, Imprimeur-Libr. rue Ste. Croix en la Cité, 1744.

MÉMOIRE SIGNIFIÉ

POUR JEANNE FAVEREAU, veuve d'Anne-Josse Goyer, heritiere beneficiaire de Marie-Anne Favereau, & ayant repris en son lieu & place, Intimée & Appelante.

CONTRE *Maître Pierre Guillet, Sieur de la Grave, Greffier en Chef au Siége de Coignac, Appelant & Intimé.*

IL n'y a point, si on en croit le début du Mémoire du sieur Guillet; d'exemple du Procès qui divise les Parties, & il a l'avantage qu'on conviendra sans peine de cette verité avec lui ; mais loin qu'elle tende à sa décharge, cette singularité n'est propre qu'à animer de plus en plus contre lui, le bras vangeur de la Justice, puisqu'en effet, si les accusations se sont multipliées à l'infini, on verra que les crimes dont Guillet s'est rendu coupable en ont encore excedé le nombre.

Il est vrai qu'il y a vingt-huit ans que le Procès est commencé, & que la Demoiselle Favereau est morte sans pouvoir obtenir la consolation de le faire juger ; mais son heritiere n'en est que plus à plaindre, & la Justice ne peut qu'y trouver un motif d'augmenter les dommages & interêts qui lui sont dûs pour toutes les vexations qu'elle a éprouvées, & dont Guillet l'a enfin rendu la victime.

Inutilement prend-t'il dans son Mémoire le ton de confiance ; & d'Accusé qu'il est depuis si long-tems, affecte-t'il de se travestir en Accusateur. Ce détour familier aux Accusez n'en imposera à personne ; un coup d'œil sur les pieces du Procès suffira pour faire évanouir toutes les fables qu'il débite, & lui rendre la qualité d'Accusé qu'il n'a que trop meritée, & qu'il s'efforce inutilement de perdre.

FAIT.

La Demoiselle Favereau est fille de défunt Jean Favereau, Entrepreneur des ouvrages du Roi en Angoumois. Une foule de lettres inventoriées qui lui ont été addressées par les Commissaires départis dans les

A

Generalitez de Rochefort & de la Rochelle, qui lui donnent cette qualité d'Entrepreneur, & le dernier marché qu'il a fait de 36000 pieds cubes de Bois de conſtruction, pour la fourniture de l'Arſenal de Rochefort, porté à 50000 liv. fait connoître que c'eſt ſans fondement qu'on a entrepris de le traveſtir en pauvre Charpentier.

Guillet étoit alors Fermier du Greffe de Coignac ; il eſt aujourd'hui Titulaire de l'Office. Un Payſan qui épouſa ſa Servante eſt la tige de ſa famille : Ainſi, s'il pouvoit y avoir quelque difference dans la fortune, la condition des Parties, quoiqu'il en diſe, étoit au moins égale.

L'habitude dans les mêmes ſocietez, & le malheur de la Demoiſelle Favereau lui firent connoître Guillet ; l'eſtime qu'il fit d'abord paroître pour elle, fut bientôt ſuivie de propoſitions de mariage. Ses viſites frequentes, & ſes empreſſemens ne laiſſerent pas douter de la pureté de ſes vûës.

Tel eſt l'artifice du ſéducteur. Il ſe maſque dans ces commencemens critiques ſous les dehors les plus ſéduiſans ; mais ce ſont autant de pieges qu'il tend pour écarter la défiance, & ce n'eſt qu'après s'être aſſuré de ſa conquête, qu'il fait éclater ſes deſſeins.

Cinq années entieres s'écoulerent ſans que Guillet oſât rien entreprendre ouvertement ſur la vertu de la Demoiſelle Favereau ; il ne les employa qu'à ſe concilier à force de ſoins, ſon eſprit & ſon cœur : Mais à peine crut-il en être paiſible poſſeſſeur, qu'il ne penſa qu'à exécuter les deſſeins criminels que le voile d'une prétention légitime avoit juſques-là tenu cachez.

Caſuiſte dangereux, il lui déguiſa le crime ſous le nom de tribut légitime & innocent de ſa conſtance. La foi reſpective, & le conſentement mutuel des Parties ne formoient-ils pas toute la force d'un engagement ? Que manquoit-il au leur, qu'une cérémonie de bienſéance qui ne pouvoit rien ajouter à la force des nœuds qui les uniſſoient ?· Un oncle riche s'oppoſant alors à leur mariage, étoit-il juſte qu'il fût plus longtems la victime du caprice de ſes parens ? Une prompte exécution de ſes promeſſes, qui ſuivroit la preuve qu'il exigeoit de ſa tendreſſe, ne devoit-elle pas la raſſurer ſur les ſuites qu'elle craignoit ? Maximes pernicieuſes qui devoient naturellement être impuiſſantes ſur un cœur formé à la vertu, ſi ce cœur n'eût été malheureuſement trop tendre & trop crédule.

La vertu la plus auſtere peut combattre ; mais ſi elle n'eſt en garde ſur elle-même, & ſi elle n'évite ſoigneuſement les occaſions, elle n'eſt pas toujours ſûre de demeurer victorieuſe. La Demoiſelle Favereau vaincuë par ces inſinuations captieuſes, n'eut plus la force de réſiſter. Bientôt les ſuites de ſa complaiſance la trahirent & ne permirent plus de douter du triomphe du ſéducteur.

Cependant il étoit queſtion d'arrêter l'impetuoſité d'un pere & d'un frere, qui à la moindre connoiſſance de l'état de leur fille & de leur ſœur, alloient éclater & tirer vengeance de l'affront qui en rejailliſſoit ſur eux.

Guillet pour ſe mettre à couvert de ces pourſuites, n'imagina point d'autre expedient, que de faire faire à la Demoiſelle Favereau une déclaration ſimulée, qu'elle étoit enceinte des œuvres d'un autre que de lui.

Après le sacrifice qu'elle lui avoit fait, & craignant plus que jamais d'être abandonnée de celui seul qui pouvoit un jour réparer son honneur, la Demoiselle Favereau n'avoit plus rien à lui refuser ; elle se laissa conduire dans une espece de cave, & là, à la foible lueur d'une lumiere qui éclairoit à regret un pareil crime, elle écrivit sous la dictée de Guillet, qu'elle étoit enceinte des œuvres d'un nommé Villeneuve, de Bourdeaux, personnage totalement chimerique, & qui ne devoit son être qu'à la nécessité où Guillet étoit réduit, d'imaginer un nom qu'il gratifiât de son ouvrage.

Cette déclaration n'étoit pas moins vitieuse dans la forme, qu'elle étoit au fond contraire à la verité. La Demoiselle Favereau ne se transporta point pour la faire chez le Substitut de M. le Procureur General, elle ne l'écrivit point sur son regiftre. Quelque progrès qu'eût fait la séduction, Guillet eût vainement tenté de l'engager à mêler son nom avec celui des filles de tout état, qui alloient afficher leur deshonneur chez ce Ministre public. Sa déclaration étoit écrite sur une feuille de papier commun, & dans un lieu qui désignoit bien qu'elle étoit l'effet de la séduction la plus marquée. Guillet lui-même a été depuis persuadé qu'elle ne pouvoit lui être d'aucun usage. On verra par la suite qu'il n'a pas craint pour en réparer le vice, de recourir à un nouveau crime : Mais suivons l'ordre des faits.

La déclaration informe accordée aux sollicitations de Guillet devoit être tenuë secrette jusqu'à ce qu'il fût poursuivi. Il ne laissa pas de la rendre publique. Le pere de la Demoiselle Favereau ne pouvant douter qu'elle ne l'eût donnée à Guillet dans la vûë d'arrêter les poursuites qu'il préparoit contre lui, éclata. Cette fille infortunée n'eut d'autre ressource que de se retirer chez une de ses parentes, où elle eut le tems d'expier par ses larmes les facilitez qu'elle avoit euës pour Guillet.

Le moment de sa délivrance approchant, on lui représenta les conséquences de la fausse déclaration qu'elle avoit faite. Plus libre alors de secouer le joug de la séduction, elle se détermina à en faire une veritable. Lanchere, Greffier de la Police, fut mandé ; elle lui déclara qu'elle étoit grosse des œuvres de Guillet, & signa sa déclaration.

Guillet applaudit en apparence à cette derniere déclaration; mais il prit des mesures pour empêcher qu'on ne le nommât dans l'extrait baptistaire; la Demoiselle Favereau sans défenses, & ne soupçonnant rien de ce qui se passoit, fut trahie. L'enfant fut baptisé comme fille naturelle de Marie-Anne Favereau, *sans avoir voulu nommer le pere*, porte l'extrait baptistaire.

Une observation importante, est que dans l'extrait baptistaire, il n'est plus question de Villeneuve ; on abandonne la fausse déclaration faite contre lui ; il n'est point dit le pere de l'enfant ; s'il l'eût été, on conçoit que rien ne pouvoit empêcher de le nommer ; mais il n'existoit point. Le Ministre de l'Eglise ne se fût point prêté à une déclaration qui eût nommé à l'enfant un être de raison pour pere. Des ménagemens pour Guillet forçant au mystere, l'enfant est baptisé sans avoir voulu nommer le pere. L'énigme n'étoit pas difficile à deviner.

4

A l'expiration des fix femaines, la Demoifelle Favereau qui ne ceffoit de fe reprocher fa faute, n'héfita point fur le parti qu'elle avoit à prendre. Sans fe répandre dans des reproches inutiles, elle alla cacher dans le Convent des Religieufes Benedictines de Bourdeaux, fa honte & fa douleur, réfoluë d'y attendre que des circonftances plus heureufes facilitaffent l'exécution des promeffes qui lui avoient été faites.

Après y avoir refté une année entiere, ne voyant point les évenemens fe préparer pour fon mariage, elle fe détermina à confacrer à Dieu le refte de fes jours, & elle entra dans ce deffein à la Vifitation. Deux mois de fon Noviciat étoient déja expirez, lorfque Guillet animé par la crainte de la perdre, traverfa la mer & vint tenter de l'arracher de fa retraite. La Demoifelle Favereau fut inébranlable, tout ce qu'il put obtenir, fut que comme la regle de la Vifitation étoit trop auftere pour fa fanté, elle entreroit dans la Communauté des Orphelines. Elle a payé cher depuis cette complaifance. Guillet, maître alors de la voir quand il vouloit, reprit bientôt fon premier empire. Ce n'étoit point encore affez, il joignit l'artifice à la priere. Il lui fit tenir des lettres qui affuroient la réunion des deux familles, & que les obftacles qui avoient retardé leur mariage étoient levez. Pouvoit-elle vouloir s'enfevelir dans un Convent? Les jours dont elle alloit y difpofer, étoient-ils à elle? Ne lui appartenoient-ils pas à titre d'époux? N'étoit-elle pas veritablement fon époufe? Elle en avoit fa parole, fes fermens, & ce qui étoit plus fort, un gage, pour lequel du moins, fi ce n'étoit pour elle, elle devoit défirer la cerémonie qui manquoit à leur union. Qu'ajouter, que l'imagination n'ait déja prévenu? Il eft plus facile dans cette matiere de ne point commettre de faute, que de n'en commettre qu'une. L'empire qu'une premiere foibleffe avoit donné à Guillet fur elle, l'efpoir d'être honorée du titre de femme; & plus encore, le défir de rendre à fa fille l'état légitime fous l'efperance duquel elle étoit née, l'arracherent d'un Monaftere, où elle n'a ceffé depuis jufqu'à fon décès, de regreter de n'avoir point fini des jours affez malheureux pour s'être vûë expofée à une feconde perfidie plus indigne que la premiere.

Arrivée à Coignac, Marie Favereau n'y trouva pas les chofes difpofées pour fon mariage auffi favorablement qu'on le lui avoit fait efperer; elle en fit des reproches amers à Guillet; il la raffura par de nouveaux fermens & de nouvelles attentions. Abandonnée de fa famille, qui ne vouloit plus la voir, dénuée de tout fecours, que pouvoit-elle faire? elle fe retira à la Campagne, & y accoucha le 20 Août 1713, d'une feconde fille.

Guillet, inftruit de fa délivrance, vint avec empreffement lui en marquer fa joye. Senfible au trifte état où il la voyoit réduite, il lui jura de nouveau qu'il répareroit fon honneur, & non content de faire baptifer ce fecond enfant fous fon nom, il voulut que fa premiere fille, quoiqu'âgée feulement de trois ans cinq mois, y tînt fa fœur cadette fur les fonds de bapteme, & qu'elle prît le nom de Marie Guillet, afin de diffiper totalement l'obfcurité que pouvoit faire naître l'affectation qui avoit préfidé au premier extrait baptiftaire, de ne point vouloir nommer le pere.

Guillet

Guillet ne ſe démentit point encore pendant le cours d'une année ;
il eut ſoin de fournir à la mere & à ſes deux filles, les choſes néceſſaires
pour leur ſubſiſtance. Marie Guillet ſa premiere fille, ne paroiſſoit point
en public qu'il ne lui prodiguât les plus tendres careſſes ; on l'a entendu
mille fois l'appeller du nom de ſa fille, & ne point déſavouer les plaiſan-
teries auſquelles ce nom, & plus encore, les traits d'une reſſemblance
parfaite que la nature s'étoit plû à graver ſur le viſage de l'enfant, don-
noient ſouvent lieu.

Mais enfin, ſa paſſion ſatisfaite, l'opiniâtreté de la Demoiſelle Favereau à exiger que Guillet ſatisfît aux paroles réïterées qu'il lui avoit don-
nées, un nouvel engagement formé d'un autre côté, plus flateur du
côté de la fortune, lui firent bientôt changer de ſentiment & de conduite. La Demoiſelle Favereau éclairée par l'interêt qu'elle y prenoit,
ne fut pas long-tems ſans s'en appercevoir. Animée d'une juſte indignation, elle fit à Guillet les reproches les plus vifs & les plus ſanglans ;
elle le menaça de ſe joindre à ſa famille, pour le forcer malgré lui à l'e-
xécution de ſes promeſſes, ou du moins pour avoir raiſon de ſa tra-
hiſon.

Guillet craignit l'effet de ſes menaces, il crut devoir prendre ſes pré-
cautions pour s'en garantir ; il ſçavoit bien qu'il n'y avoit que ſa ſeconde
fille élevée à Fraigneau & baptiſée ſous ſon nom, qui pût ſervir de preuve de la ſéduction qu'on lui imputeroit ; il envoya à Fraigneau un Bu-
cheron nommé Montaulard, pour s'en aſſurer. Montaulard arrivé, mon-
tra pour enſeignement le cheval & le manteau de Guillet ; il dit à la
Nourrice, que Guillet lui retiroit l'enfant pour le mettre plus à portée
de lui, & il lui paya largement ce qui étoit dû des mois de l'enfant. La
Nourrice qui ne connoiſſoit que Guillet, & qui n'avoit juſques-là été
payée que par lui, n'eut aucun ſoupçon du vrai motif de ce meſſage ; elle
remit l'enfant à Montaulard.

Le caractere cruel de Montaulard l'avoit fait choiſir pour cette com-
miſſion, & l'en rendoit digne. Il tranſporta jour & nuit cet enfant au
Bourg de Brice-Charente, où il le remit entre les mains d'un nommé
Birolleau, & d'une nommé la Caſtine. Arrivez à Bourdeaux, ni l'âge tendre de l'enfant, ni ſa mort certaine ne purent attendrir ces cœurs barbares
& les empêcher d'exécuter leurs ordres. Ils expoſerent de nuit l'enfant
aux Filles de l'Hôpital de Saint Louis de Bourdeaux. L'évenement ne
tarda pas à répondre aux vûes de celui qui les faiſoit agir ; la fatigue d'un
voyage de mer & le froid mortel d'une expoſition nocturne, arracherent à cet enfant une vie qu'il avoit reçuë quelques mois auparavant ſous
des auſpices bien differens.

Une action auſſi noire fut quelque tems cachée à la Demoiſelle Favereau. S'étant renduë quelques jours après à Fraigneau pour voir ſon
enfant, on l'inſtruiſit de cet enlevement. Saiſie d'effroi, elle fut réduite
à errer de Village en Village, & à s'informer de porte en porte du
chemin que le Raviſſeur avoit tenu. La Providence qui ne vouloit pas
qu'un pareil crime demeurât caché, la conduiſit chez Jacques Birolleau,
Voiturier du Bourg de Saint Marſault.

Arrivée chez lui elle l'interroge ; il réſiſte quelque tems, il lui oppoſe le fecret qu'il a promis ; mais enfin, vaincu par les larmes & les folli-citations d'une mere à qui le fentiment prêtoit de l'éloquence, il lui avouë que fa fille a été conduite au Bourg de Brice-Charente, & remife à la Caftine.

Marie Favereau vole auffitôt chez cette femme. Les horreurs que la crapule & la débauche qui regnoient dans ce lieu, prefentent à fa vûë, ne l'arrêtent point ; il lui fuffit qu'elle doive y être inftruite du fort de fa fille. La Caftine préparée fans doute aux queftions qui lui font faites, répond qu'elle a conduit l'enfant à la Manufacture de Bourdeaux à 200 l. de nourriture & d'entretien par an.

Qu'une mere crédule eft facilement trompée ! Elle s'embarque pour Bourdeaux ; fa fille ne fe trouve point à la Manufacture ; on lui apprend qu'on n'y recevoit que des enfans qui font en âge d'apprendre un mê-tier ; on l'inftruit que la Caftine eft une femme de mauvaife vie, accou-tumée à trafiquer le fort de femblables.innocens. Rien ne rebute des en-trailles de mere ; elle recommence fes recherches ; elle vifite tous les Hôpitaux ; enfin, fon malheur la conduit aux Filles de l'Hôpital ; là on lui développe la trifte deftinée de fa fille, & pour qu'elle ne pût douter de fon fort, on lui reprefenta la chemife avec laquelle elle avoit été trouvée, qu'elle ne put s'empêcher de reconnoître pour celle de fa fille.

Quel fpectacle pour une mere tendre ! L'art a-t'il des traits affez heu-reux pour peindre la vive douleur qui déchira fon cœur ? Pourroit-on encore reprocher à fa mémoire une foibleffe fi cherement expiée ?

Bientôt un jufte reffentiment fit place aux mouvemens de tendreffe ; elle ne vit plus dans celui qu'elle avoit refpecté jufques-là comme uni avec elle par les fermens les plus folemnels, qu'un odieux féduc-teur, un parjure, un pere dénaturé, qui viole tout-à-la-fois les droits facrez du fang & ceux de l'honneur. Ce qu'elle eût diffimulé comme fille, elle ne le fouffrira point comme mere. Son enfant eft peri, il faut qu'il foit vangé.

Les obftacles qui fe prefenterent en foule à la pourfuite de l'accufation, ne furent point capables de la faire changer de réfolution. Guillet étoit allié de la plupart des Officiers du Siége de Coignac ; elle vint en la Cour rendre fa plainte circonftanciée des faits qu'on vient d'expofer, & fingulierement de la féduction faite de fa perfonne, en minorité, fous promeffe de mariage ; de la fuppreffion de l'état de fon premier en-fant, par le moyen de la fauffe déclaration que Guillet lui avoit fait faire ; enfin, de l'enlevement & homicide du fecond enfant. La Cour par Arrêt du 15 Février 1716, lui donna acte de fa plainte, lui permit d'informer des faits y contenus devant l'Affeffeur de Coignac qu'elle commit à cet effet.

Guillet qui craignoit la probité de ce Juge, lui intenta auffi-tôt un Procès fous un faux prétexte. Ses vûës lui réuffirent, l'Affeffeur commis fe déporta.

Il fallut revenir en la Cour, & obtenir un nouvel Arrêt, qui commit le Juge d'Aulnay pour faire l'inftruction.

Sur les premieres informations faites en conféquence, Montaulard

fut décreté de prife de corps, Guillet d'ajournement perfonnel. Ils de-
manderent l'un & l'autre des défenfes contre ces décrets, & conclurent,
Guillet à être renvoyé par provifion aux fonctions de fa Charge, &
Montaulard à être élargi : Mais par Arrêt rendu le 26 Août 1716, fur
le vû des charges ; la preuve qui en réfultoit fe trouva fi confiderable,
qu'ils furent déboutez de leurs demandes, & on ordonna la continuation
de l'inftruction commencée par le Juge d'Aulnay.

Guillet eut alors recours à la voye odieufe de la récrimination ; il rendit plainte au Juge d'Angoulême des prétendues débauches de fon Accu-
fatrice, & pour les établir, il annexa à fa plainte la fauffe déclaration
qu'il avoit extorquée lui-même de la Demoifelle Favereau, qu'elle étoit
groffe des œuvres de Villeneuve.

Le Juge répondit au choix affecté fait de fa perfonne. Non-feulement il permit d'informer ; mais l'information faite, il la décreta d'un
ajournement perfonnel, qu'il convertit le lendemain en décret de prife
de corps.

La Demoifelle Favereau eut recours contre cette procedure à l'autorité de la Cour. Par Arrêt du 25 May 1716, elle fut reçûe Appelante
des plaintes, informations & décrets ; l'apport des charges fut ordonné, & cependant on lui accorda des défenfes d'exécuter les
décrets.

Guillet voyant encore fes projets arrêtez de ce côté, forma de plus
noirs projets. Il fe pofta fur le chemin d'Aulnay où la Demoifelle Favereau étoit obligée d'aller pour l'inftruction de fon Procès, & voulut
la forcer, le piftolet fous la gorge, de figner un défiftement de fes
pourfuites. La Demoifelle Favereau l'ayant refufé, il le lui tira à bout
portant ; l'arme n'ayant pas pris feu, il lui donna de la croffe tant de coups
fur la tête qu'il la jetta par terre, & la fit indignement fouler aux pieds
par fon cheval.

Un pareil attentat fur un grand chemin contre une fille dont le fexe
demande les plus grands égards, dont la perfonne tout recemment
encore avoit infpiré les plus tendres fentimens, dont la feule faute
étoit de les avoir payé de trop de retour, refpectable par conféquent
pour Guillet, même par les foibleffes qu'elle avoit eues pour lui, ne devoit pas demeurer impuni. Sur la plainte de la Demoifelle Favereau,
Guillet fut décreté de prife de corps. Sa famille toute puiffante dans le
Pays, fe donna de grands mouvemens pour le tirer d'un pas fi dangereux ; elle eut heureufement pour lui affez de credit au Préfidial de
Saint-Jean d'Angely, pour faire déclarer le Prevôt incompetent. L'affaire ayant été renvoyée au Juge du lieu du délit ; le Juge de Matha fe
contenta de prononcer des défenfes à Guillet, de plus à l'avenir ex-
ceder ni maltraiter la Demoifelle Favereau, & de le condamner en 10 l.
d'amende envers le Seigneur de Matha, & envers elle en 100 l. de dommages & interêts.

Cette Sentence étant plus propre à enhardir Guillet à de nouveaux
excès qu'à les réprimer, la Demoifelle Favereau en interjetta appel, &
comme l'appel de cette Sentence reffortiffoit au Parlement de Bourdeaux, elle obtint au Confeil du Roi un Arrêt, qui lui permit de rele-

ver en la Cour son appel, pour le faire juger par un seul & même Arrêt, conjointement avec son appel de la procedure récriminatoire d'Angoulême, l'opposition formée par Guillet & ses co-Accusez à l'Arrêt qui avoit commis le Juge d'Aulnay, & leurs appels des décrets, & de la procedure extraordinaire qui y avoit été commencée.

Ces differens objets instruits en la Cour, est intervenu, après trois ans de procedures & de chicannes de la part de Guillet, l'Arrêt du 31 Juillet 1719, qui renferme quatre differentes dispositions.

Par la premiere, la Sentence du Juge de Matha est infirmée; émendant, défenses sont faites à Guillet de récidiver sous plus grandes peines, il est condamné envers la Demoiselle Favereau, en 300 l. de dommages & interêts, & aux dépens.

Par la seconde, la procedure extraordinaire commencée à la requête de Guillet devant le Juge d'Angoulême est déclarée nulle; il est condamné aux dépens pour dommages & interêts.

Par la troisiéme, sur l'appel interjetté par Guillet & Montaulard, des décrets & de la procedure extraordinaire commencée contr'eux à Aulnay sur la plainte de la Demoiselle Favereau, de la séduction faite de sa personne, de suppression de son premier enfant par Guillet, d'enlevement & d'homicide du second, sans s'arrêter aux oppositions formées à l'Arrêt qui avoit commis le Juge d'Aulnay, on confirme les décrets, & on ordonne l'instruction de la procedure extraordinaire.

Enfin, dans le cours de l'instruction, la Demoiselle Favereau ayant appris que tandis qu'elle étoit à Paris, Guillet travailloit sur les lieux à substituer un faux enfant au veritable qu'il avoit fait perir, qu'il avoit même corrompu la Nourrice & son mari par le moyen du Curé d'Ains, pour les engager à le reconnoître, & avoit fait dresser un prétendu Procès-verbal de reconnoissance par un Notaire de Matha, qui étoit venu le dresser hors de son ressort; elle avoit rendu plainte de ces faits, & demandé permission d'en informer. Guillet lui ayant opposé d'un autre côté, la fausse déclaration qu'il avoit extorquée d'elle lors de sa premiere grossesse, on lui avoit fait prendre des Lettres de rescision contre cette déclaration, quoiqu'elle ne fût point representée & qu'elle ne l'ait jamais pû être.

Par une quatriéme disposition de l'Arrêt, la Cour renvoye les plaintes, charges, pieces, informations, Requêtes, Lettres de rescision, ensemble les demandes respectives concernant l'existence de la seconde fille, devant le Juge d'Aulnay, pour être par lui le Procès fait & parfait à Guillet & à Montaulard, & être par lui statué sur les Lettres de rescision & sur toutes les demandes respectives des Parties à cet égard, ainsi qu'il avisera bon être jusqu'à la Sentence définitive inclusivement, sauf l'exécution s'il en est appellé. „ A cet effet, pourra, ajoute l'Arrêt, „ informer par addition des faits contenus dans la premiere plainte, & „ se transporter où besoin sera, même hors l'étendue de son ressort, „ pour l'instruction du Procès, sans être tenu, pour ce, de prendre com- „ mission rogatoire ni paréatis de Juges, dans le Territoire desquels il se „ transportera à l'effet de cette instruction, tous dépens, dommages & in- „ terêts à cet égard réservez.

A peine

A peine cet Arrêt fut-il rendu, que Guillet se rendit à Aulnay : Il exposa au Juge, qu'il avoit un interêt sensible pour sa justification, qu'avant tout, il fût procedé à la reconnoissance d'une petite fille, qu'il disoit être la même que celle enlevée le 20 Mars 1715, & que la Gauthier avoit representée lors du Procès-verbal qu'il en avoit fait dresser le 31 Décembre 1717. Il requit qu'il lui fût permis de la prendre chez cette femme pour la déposer à Aulnay, entre les mains de personnes sûres.

Avant l'Arrêt du 31 Juillet, il avoit demandé par une Requête précise du 26 May, cette vérification ; mais comme elle tendoit à admettre en faveur de l'Accusé, un fait justificatif avant l'instruction du Procès, la Cour l'avoit rejetté. Le Juge d'Aulnay, plus facile, ordonna que la petite fille seroit transferée au lieu d'Aulnay, pour être ensuite procedé à sa reconnoissance, ainsi qu'il appartiendroit, Parties presentes, ou dûement appellées.

Guillet, en conséquence, se transporta à Bourdeaux. Il se fit remettre la petite fille qu'il avoit destinée à remplacer celle qu'il avoit fait perir, & la déposa à Aulnay, sans appeller au Procès-verbal qu'il en fit dresser, la Demoiselle Favereau, quoique sa propre Requête & l'Ordonnance du Juge le portassent formellement. Un Contradicteur légitime l'eût embarassé.

Cependant le Juge d'Aulnay, après avoir accepté la commission portée par l'Arrêt du 31 Juillet 1719, qui lui renvoyoit les nouvelles plaintes des mois de Janvier & May 1718, de supposition de personnes & subornations de Témoins, permit d'informer. L'information faite & décretée, Guillet, Louis Gestreau, Marie Aucher, Jacques Dorneau & Denis Brillon, subirent interrogatoire. Montaulard, la Gauthier, autrement dite la Castine, & Birolleau, principaux Acteurs de l'enlevement, ne paroissant point, la contumace fut instruite contr'eux.

Le Juge joignit ensuite cette Instance à celle commencée en 1716, regla sur le tout les Parties à l'extraordinaire ; ordonna le recollement & confrontation des Témoins aux Accusez presens, & à l'égard des absens, que le recollement vaudroit confrontation.

L'instruction achevée, Guillet fit apporter du Greffe de la Cour au Greffe d'Aulnay, l'original d'une déclaration, qu'il disoit avoir été signée par la Dlle. Favereau, sur le registre du Substitut de M. le Procureur General au Siége de Coignac. Il soutint que la Dlle. Favereau ayant déclaré qu'elle étoit enceinte des œuvres du nommé Villeneuve, il ne pouvoit plus être le pere de la premiere fille. Il demanda acte en même-tems de ce qu'il étoit prêt de justifier par Témoins que la fille par lui representée, étoit la même que celle dont la Demoiselle Favereau étoit accouchée le 20 Août 1713, & qu'on disoit faussement être périe.

La Demoiselle Favereau, de sa part, demanda acte de sa dénégation, d'avoir écrit ni signé cette fausse déclaration, & de l'opposition qu'elle formoit à l'Ordonnance du 7 Décembre 1719, par laquelle l'apport du faux enfant à Aulnay avoit été permis ; faisant droit sur son opposition, sans s'arrêter à la procedure faite en conséquence, ni aux autres allegations de l'Accusé, qu'il fût passé outre à la visite du Procès, sauf après la visite, à ordonner ce qu'il appartiendroit.

Sur ces differentes conclusions le Juge d'Aulnay rendit le 31 Mars 1722, une Sentence interlocutoire. Elle renferme deux dispositions.

Par la premiere, avant dire droit aux Parties, après que la Demoiselle Favereau a dénié, tant par ses Requêtes, que par le Procès-verbal fait au Greffe le 17 Février précedent, d'avoir écrit ni signé la déclaration en question, le Juge ordonne que Guillet sera tenu de déclarer dans 15e. s'il entend s'en servir.

Par la seconde, il est dit, que dans le même délai Guillet fera faire à sa requête, dans la forme prescrite par l'Ordonnance, la vérification de l'enfant par lui représenté; permis, si bon lui semble, à la Demoiselle Favereau de faire la preuve contraire que l'enfant représenté n'est pas sa véritable fille; pour ce fait & le tout remis, être ordonné ce qu'il appartiendra.

Il faut observer que lors de ce Jugement, le Juge n'interrogea point les Accusez, ni sur la Sellette, ni derriere le Barreau; il y admit un fait justificatif en faveur d'un seul Accusé, & ne l'admit point en faveur des autres, quoique l'instruction fût indivisible; il négligea de prononcer la Sentence à l'Accusé dans les vingt-quatre heures, & de l'interpeller de nommer les Témoins, par lesquels il entendoit établir le fait justificatif; faute par l'Accusé de les avoir nommez dans le tems, l'Ordonnance vouloit qu'il ne fût plus reçû à la preuve, le Juge ne laissa pas de l'y recevoir; enfin, il permit à l'Accusatrice de faire la preuve contraire. Pouvoit-on commettre des nullitez plus décisives? Celles qui suivent vont cependant les effacer.

Le Juge laissa assigner les Témoins à la diligence de l'Accusé. Il lui laissa choisir pour Témoins ses propres Complices, accusez comme lui au Procès, Jacques Dorneau, Marie Aucher, Louis Gestreau. Vainement la Demoiselle Favereau reclama-t'elle & representa-t'elle que des Parties ne pouvoient point être Témoins dans leur propre Cause, le Juge ne laissa pas de les entendre, & d'achever l'enquête, sans que le Substitut de M. le Procureur General fût present à la prestation des Témoins, & sans y appeller la Demoiselle Favereau, quoiqu'il l'eût lui-même ordonné.

Les autres Témoins de l'enquête de Guillet, qui n'étoient pas ses co-Accusez, ne lui étoient pas moins dévouez. Il s'en étoit assuré en répandant beaucoup d'argent. Il alloit sur les chemins au-devant d'eux, les forçoit de se loger à son Auberge; & là, de crainte qu'ils ne pussent se méprendre à la petite fille qu'ils n'avoient jamais vûe, il la leur faisoit representer & examiner.

Un seul de ces Témoins n'ayant point voulu se prêter à ce complot, Guillet, qui d'une salle voisine entendoit les dépositions, entra, & sans respecter la presence du Juge, il accabla d'injures le Témoin, le maltraita, & le menaça de cent coups de bâton.

Cette subornation ouverte, & ce nouvel excès ayant donné lieu à une nouvelle plainte, elle fut suivie d'une information qui fut jointe au Procès, pour en jugeant, y avoir tel égard que de raison.

D'un autre côté, Guillet ayant enfin déclaré en exécution de la Sentence du 31 Mars, qu'il entendoit se servir de la déclaration faite au profit de Villeneuve, le Juge rendit son Ordonnance le 6 Juillet 1724, portant que dans huitaine Guillet seroit tenu d'en faire faire la verification par Experts, & sur pieces de comparaison, dont les Parties conviendroient.

Les Parties étant convenues de l'un & l'autre, & les deux Experts s'étant trouvez contraires, le Juge d'Office nomma un tiers Expert.

Alors quoique toute cette procédure fût en faveur de l'Accusé, Guillet redoutant avec raison l'évenement d'une vérification qui ne pouvoit que tourner contre lui, fit éclore un Arrêt qui le recevoit Appelant de l'Ordonnance du 6 Juillet; ordonnoit l'apport des charges, & cependant faisoit défenses d'exécuter cette même Ordonnance, qu'il avoit si autentiquement exécutée, passer outre, ni faire poursuite ailleurs qu'en la Cour.

Le premier Juge une fois dépoüillé par cet appel, la Demoiselle Favereau se fit elle-même recevoir Appelante par Arrêt du 8 Avril 1724, de la Sentence du 31 Mars 1722, en ce qu'elle avoit ordonné la vérification de la fille représentée par Guillet, & de tout ce qui avoit suivi. Cet Arrêt ordonna en même-tems que les Accusez se rendroient aux pieds de la Cour.

Par un autre du 7 Octobre, l'appel de l'Ordonnance du 6 Juillet fut joint à celui de la Sentence du 31 Mars.

La Demoiselle Favereau ayant appris dans le cours de l'instruction, le détail du complot fait par Guillet pour la substitution du faux enfant, à la place de celui qu'il avoit fait périr, le prix qu'il en avoit donné, de quelle façon il en avoit fait le marché; elle en rendit plainte en la Cour, & demanda permission d'en informer.

La Requête communiquée à M. le Procureur Géneral, la Cour, en voyant le Procès, rendit le 27 Mars 1725, un Arrêt, par lequel elle permit d'informer par addition, des faits contenus dans la plainte, dans six semaines, les Témoins à Paris devant le Conseiller Rapporteur, ceux sur les lieux, pardevant le Juge de Boutteville.

Le 28 Avril l'information a été faite en conséquence à Paris devant M. de Vrevins, Rapporteur; le 4 May sur les lieux devant le Juge de Boutteville.

Les Parties instruisoient pendant ce tems leur appel respectif; elles y prirent chacune des conclusions principales & subsidiaires.

Les principales, quoiqu'opposées, tendoient également à ce qu'en infirmant les Sentences & Ordonnances dont ils étoient Appelans, le Procès fût renvoyé au Juge d'Aulnay pour être par lui fait & jugé jusqu'à Sentence diffinitive, conformément à l'Arrêt du 31 Juillet 1719.

Par les subsidiaires qui ne devoient avoir lieu qu'au cas que la Cour crût pouvoir tirer les Parties d'affaire sur le fond, les Accusez demandoient à être déchargez de l'accusation, avec dépens, dommages & interêts. L'Accusatrice, au contraire, qu'on les déclarât convaincus des faits mentionnez dans ses plaintes, & pour réparation, qu'on les condamnât chacun à leur égard, aux peines portées par les Ordonnances ; en ses dommages & interêts, & aux dépens.

Dans cette situation, le Procès prêt à être jugé, on fit nommer à la premiere fille de la Demoiselle Favereau un Tuteur par la Chambre des Vacations. On la fit ensuite intervenir, & on lui fit demander, que sans s'arrêter à toutes déclarations, par lesquelles le nommé Villeneuve pourroit être déclaré son pere, son Extrait Baptistaire fût reformé, & qu'il y fût dit qu'elle étoit fille naturelle de Marie-Anne Favereau, & de Pierre Guillet. Cette Requête donnée précipitamment, ne renfermoit aucuns moyens, on s'y écartoit des seules conclusions que la mineure eût dû prendre.

Quoiqu'il en soit, la Demoiselle Favereau instruite qu'on se servoit uniquement contre elle de la prétenduë déclaration du 7 Janvier 1710, qui étoit au Procès, que l'on supposoit qu'elle avoit faite au profit de Villeneuve, demanda acte par une Requête précise du 28 Septembre, de ce qu'elle rendoit plainte comme en faux principal, du faux de cette prétenduë déclaration fabriquée sur une feuille de papier marqué volant, en forme de Procès-verbal, & de l'énonciation qu'elle étoit écrite sur le registre des dénonciations du Substitut de M. le Procureur General à Coignac, ensemble de la supposition faite par Guillet de la personne du nommé Villeneuve ; en consequence elle demanda permission d'en informer tant par titres que par témoins, conformement à l'art. 1, du tit. 9, de l'Ordonnance de 1670.

Cette Requête fut répondue par la Chambre des Vacations d'un en jugeant, sans aucune communication au Ministere public.

La Demoiselle Favereau crut, à la vûë de cette Ordonnance, s'être trompée sur la nature du faux. Elle craignit d'avoir traité comme un faux principal ce qui n'étoit qu'un faux incident, & elle pensa que du moins si on ne lui permettoit pas de faire le Procès à ceux qui l'avoient commis, ou souffriroit qu'elle le fit à la piece pour faire cesser les consequences cruelles qu'on en tiroit contre elle. Elle consigna dans cette idée l'amende sur le faux, l'attacha à sa Requête, & demanda, que vû la quittance d'amende, où la Cour feroit difficulté d'admettre sa plainte en faux principal, il lui fût permis de s'inscrire en faux, tant contre l'original & expedition de cette déclaration, que contre l'énonciation qu'elle étoit écrite sur les registres du Substitut de M. le Procureur General à Coignac ; à cet effet, ordonner que Guillet seroit tenu de déclarer dans trois jours s'il entendoit s'en servir, aux offres de s'inscrire en faux, & de donner ses moyens dans le tems de l'Ordonnance.

Le même jour elle demanda permission par une autre Requête, d'informer par addition, de l'origine & éducation de la fille supposée, publier monitoire ; pour le tout fait, rapporté & communiqué à M. le Procureur General, être ordonné ce que de raison. Ces deux Requêtes furent également répondues d'un en jugeant, sans aucune communication au Parquet.

C'est en cet état qu'il intervint en Vacations le trois Octobre 1725, l'Arrêt depuis attaqué & anéanti par la voye de la Requête civile.

Par cet Arrêt, les Sentences & Ordonnances dont étoit appel étoient
infirmées,

infirmées, la fille née le 25 Mars 1710, étoit déclarée fille de Villeneuve de Bourdeaux & de la Demoiselle Favereau ; la Demoiselle Favereau étoit déboutée de toutes ses demandes à cet égard, il lui étoit ordonné de s'en charger. La seconde fille née le 20 Août 1713, étoit déclarée fille de Guillet & de Marie-Anne Favereau, Guillet étoit condamné à la nourrir & entretenir jusqu'à l'âge de 15 ans, & à lui donner ensuite 300 liv. pour lui apprendre un métier. Sur les autres accusations, les Parties étoient mises hors de Cour, Guillet étoit condamné en moitié de tous les dépens envers la Demoiselle Favereau, & l'autre moitié compensée.

Quel cruel Arrêt ! & que les dispositions en étoient étranges ? C'est peu de rejetter des accusations capitales appuyées sur les preuves les moins suspectes. On ne contestera pas du moins qu'il n'y eût au Procès des preuves geminées de la familiarité avec laquelle le sieur Guillet avoit vêcu avec la Demoiselle Favereau ; cependant on n'y défere point. Une fille, malheureuse victime de sa bonne foi, déja réduite à expier de ses larmes sa confiance & sa crédulité, & qui depuis l'a expiée de sa vie, est couverte d'ignominie, sa foiblesse pour un seul homme devient une prostitution publique. D'un autre côté, Villeneuve est un être idéal, il n'existe point. Guillet est le seul que les témoins chargent d'une fréquentation avec la Demoiselle Favereau, on ne laisse pas de déclarer Villeneuve pere de sa fille, en sorte qu'elle est dépouillée de l'état qui lui appartient, & qu'elle se trouve absolument sans pere ; y a-t'il rien de plus injuste ? Et une mere, qui reclamoit des interêts si légitimes, n'étoit-elle pas digne de toute la faveur de la Justice ?

Aussi la Justice n'a-t'elle point dédaigné sa plainte, ni refusé son secours ; la mere & la fille, s'étant réunies pour attaquer cet Arrêt, leurs efforts ont réussi. La Chambre des Vacations avoit connu d'une question d'état, & prononcé sur l'état de deux personnes, quoique cette connoissance lui soit nommément interdite par l'Edit du mois d'Août 1669. On avoit négligé dans un Procès de grand criminel instruit par recollement & confrontation, de prendre des conclusions du Ministere public, on s'étoit écarté de la procedure prescrite par l'Ordonnance sur le faux, & jugé sur pieces arguées de faux ; enfin la mineure fille de la Demoiselle Favereau n'avoit point été valablement défendue. Non-seulement on avoit porté sa défense dans un Tribunal, où la Loi avertissoit elle-même qu'elle ne pouvoit être valablement jugée, on avoit encore négligé ses meilleurs moyens de droit & de fait, & singulierement ceux qui résultoient de l'inexistence du nommé Villeneuve de Bourdeaux. Un seul de ces moyens eût suffi pour faire anéantir l'Arrêt. A plus forte raison leur réunion ne permettoit-elle pas de le laisser subsister, surtout lorsque le mal jugé au fond & l'injustice évidente qui en résultoit, se joignoient aux vices de la forme pour en faire désirer la proscription. Aussi après sept Audiences d'une plaidoire contradictoire, est intervenu Arrêt sur les conclusions de M. l'Avocat General Joly de Fleury, le 13 Avril 1737, qui a enteriné les Requêtes de la mere & de la fille, les a remis en tel & semblable état qu'elles étoient avant l'Arrêt du 3 Octobre 1725, & a condamné Guillet aux dépens envers elles.

D

Marie-Anne Favereau ne put avoir la confolation d'apprendre cet Arrêt ; excedée de douleurs, de fatigues & de miferes, elle étoit décédée huit jours avant qu'il fût intervenu, elle a laiffé pour heritiere Jeanne Favereau, veuve de M^e. Anne-Joffe Goyer d'Armenon, qui a repris le Procès pour elle.

La premiere démarche de cette heritiere, a été de vouloir fuivre l'infcription de faux formée par Marie-Anne Favereau, elle a à cet effet formé oppofition aux Ordonnances d'en jugeant, mifes au bas des Requêtes de la Demoifelle Favereau, des 28 Septembre & 3 Octobre 1725 ; mais par Arrêt du 10 May 1741, cette oppofition a été jointe au Procès, en forte qu'un des principaux objets fur lefquels la Cour ait aujourd'hui à prononcer, eft de fçavoir fi elle ordonnera l'inftruction de l'infcription de faux, ou fi fans avoir égard à la prétenduë déclaration attaquée de faux, elle fe déterminera à tirer définitivement les Parties d'affaire.

Pour y parvenir plus facilement, elle s'étoit contentée de dénoncer à M.le ProcureurGeneral toutes les plaintes & informations, pour être pris par lui à cet égard telles conclufions qu'il appartiendroit, & elle s'étoit renfermée dans quelques obfervations infiniment fommaires pour établir les dommages & interêts dûs à la Demoifelle Favereau, qui appartiennent à fon heritiere beneficiaire.

Guillet enhardi par cette conduite, vient de faire fignifier un Mémoire, dans lequel il impute à la Demoifelle Favereau tous les crimes dont il eft feul coupable, & il en conclut que loin d'être débiteur de dommages & interêts, c'eft à lui au contraire, auquel il en doit être accordé pour toutes les vexations qu'il a effuyées. La veuve Goyer fe trouve obligée de rentrer par-là dans le mérite du fond du Procès, qu'elle eût fouhaité pour Guillet pouvoir éviter de traiter. Comme il n'eft parvenu dans fon Mémoire à fe juftifier, qu'en déguifant les faits, changeant les pieces, & en fupprimant tout ce qui eft contre lui, il fera facile de diffiper l'impreffion qu'il auroit pû faire, & de rendre à la verité tous fes droits.

Il y réduit à deux objets tout le Procès ; ce qui concerne la fille née en 1710, eft le premier ; ce qui regarde celle qui eft née en 1713, forme le fecond. On fe propofe de fuivre le même ordre, & de répondre fur chaque objet aux principales objections fur lefquelles il fe fonde.

PREMIER OBJET.

La premiere obfervation du fieur Guillet fur cet objet, fe réduit à fuppofer que la Demoifelle Favereau étoit de 5 ans plus âgée que lui, dont il conclut qu'ayant dit dans fa plainte qu'il l'avoit féduite dès l'âge de 18 à 20 ans, , il n'eft pas vrai-femblable qu'un garçon de l'âge de 13 à 15 ans, à peine nubile, ait été en état de féduire une fille de 18 à 20 ans, & qu'une fille de cet âge fe foit laiffée leurrer par une promeffe verbale de mariage de la part d'un impubere.

Plufieurs réponfes écartent cette obfervation.

1°. Le fieur Guillet commence par s'ôter à lui-même 5 ans de moins qu'il n'a. Il est vrai qu'il a produit au Procès un extrait Baptistaire du 23 Juillet 1688, suivant lequel il auroit en effet cinq ans de moins que n'avoit la Demoiselle Favereau; mais la Demoiselle Favereau a toujours soutenu que cet extrait Baptistaire n'étoit pas le sien, & que Guillet étoit au moins de son âge, & elle l'a prouvé par des Extraits de Sentences qu'il a signez comme Greffier, & la réception faite de sa personne à cet Office sans aucunes lettres de dispenses, long-tems avant le tems où il eût été majeur & en état d'exercer, s'il n'eût été né qu'en 1688.

Le sieur Guillet répond que ce n'est point dans de pareilles pieces qu'on puise la preuve de l'âge, & que la seule induction qu'on peut tirer des pieces produites, est qu'il a fait fonction de Greffier avant l'âge, & que ce qu'il a fait est nul.

Mais rien n'est moins satisfaisant que cette réponse. On convient que ce n'est point par des expeditions de Sentences qu'on prouve ordinairement l'âge des hommes. Mais il ne s'agit point ici d'une preuve juridique de filiation, il n'est question que de conjectures & de présomptions. La Demoiselle Favereau étrangere à la famille de Guillet n'étoit point en état de compulser les registres publics; & de lui rapporter son veritable extrait Baptistaire. Il lui a suffi d'invoquer la présomption de droit qu'on ne l'eût point reçu à l'Office de Greffier sans dispense, s'il n'eût eu l'âge requis par les Ordonnances. En tout cas, il faut qu'il convienne que cela ne peut être arrivé qu'autant qu'on lui auroit trouvé une maturité précoce, & que qui pouvoit exercer un Office de Greffier, étoit à plus forte raison assez nubile pour qu'une fille naturellement foible & facile pût ajouter foi aux promesses de mariage qu'il lui faisoit.

2°. Guillet ne rend pas la plainte telle qu'elle est conçuë. La Demoiselle Favereau y dit que Guillet l'ayant recherchée en mariage dès l'âge de 18 à 20 ans, il auroit tant fait que de la séduire sous des promesses verbales de mariage, & abusant de la foiblesse de son sexe, il l'auroit connue charnellement & rendue grosse de ses œuvres d'une fille dont elle seroit accouchée le 25 Mars 1710; l'on voit par ces termes de la plainte que l'on y distingue trois temps; la recherche, la séduction, la copulation. Il n'y a rien d'extraordinaire qu'un garçon de 15 ans ait rendu pendant les cinq années qui ont suivi jusqu'à 20, des visites frequentes à une fille, que ces visites frequentes ayent produit une familiarité & une habitude, qui est ordinairement le germe de la séduction, & que cette seduction ait été suivie, lorsqu'il avoit 22 ans, de la cohabitation. Loin qu'il y ait rien dans tout cela qui soit contre les regles de la vrai-semblance, on peut dire au contraire que rien n'arrive plus frequemment, & n'est par consequent plus vrai-semblable.

3°. Il n'est plus question de raisonner sur la vrai-semblance d'un fait, quand la verité en est autentiquement prouvée.

En effet, il suffit de jetter les yeux sur les pieces du Procès pour qu'il ne puisse plus rester le plus leger doute sur le fait de la plainte de la Demoiselle Favereau. Tous les témoins s'accordent à déposer sur la familiarité avec laquelle le sieur Guillet & la Demoiselle Favereau vivoient alors. Les uns attestent les avoir vû coucher dans la même chambre;

d'autres certifient les y avoir trouvez sans lumiere. Il y en a qui dépofent qu'ils étoient toujours enfemble *aux veillées* pendant tout le cours de la groffeffe de la Demoifeille Favereau ; d'autres enfin nous apprennent que la mere du fieur Guillet en a été inftruite, & qu'elle ne doutoit pas de la paternité de fon fils ; non-feulement elle ne s'eft pas contentée après la délivrance de la mere de lui fournir & à l'enfant dont elle étoit accouchée tous les fecours dont il pouvoit avoir befoin, elle s'eft encore plainte que la Dlle. Favereau ne l'eût pas fait avertir, & qu'elle lui eût procuré les moyens d'accoucher fecretement ; une autre fois, elle lui a fait dire de ne pas fe fier aux promeffes de fon fils, parce qu'il étoit trop interreffé pour l'époufer, & qu'à fon égard elle y confentiroit s'il le vouloit. Peu de tems après, elle lui a fait propofer 200 piftoles pour ne lui point intenter d'action, & ne fe pas oppofer à un autre établiffement ; Guillet lui-même a mille fois prodigué à la Dlle. Guillet le nom de fa fille, & reçu avec plaifir les plaifanteries qu'on lui faifoit fur la reffemblance de l'enfant avec lui. Eft-ce dans de pareilles circonftances qu'on peut invoquer une legere difference d'âge, en la fuppofant veritable, pour fe dégager d'une paternité acquife à fi jufte titre ? Il falloit que Guillet pût être pere, puifque toutes les informations prouvent qu'il l'eft veritablement, & dépofent contre lui de tous les indices aufquels la Loi en attache le caractere.

Inutilement pour affoiblir le poids de ces dépofitions, Guillet dit-il, qu'il a fourni de juftes reproches contre tous les témoins entendus dans les informations de la Demoifelle Favereau, & que la preuve qui peut réfulter d'une information eft dans cette matiere la preuve la plus foible, quand il y a une déclaration de la mere & un extrait Baptiftaire de l'enfant.

1°. Il n'y a pas un des reproches fournis par le Sr. Guillet contre les témoins de l'information de la Demoifelle Favereau, qui mérite la plus legere attention. Ce ne font que des reproches bannaux, appuyez fur des faits hazardez deftituez de toute preuve, qu'un Accufé ne propofe que pour qu'il paroiffe qu'il a du moins dit quelque chofe.

2°. Les dépofitions de témoins dans la matiere dont il s'agit font du plus grand poids ; en effet, qui peut plus furement conduire à connoître l'auteur de la féduction d'une jeune fille, que la connoiffance de tous les faits qui ont précedé & fuivi la féduction, de fçavoir qui a vû la fille féduite, qui lui a rendu des vifites frequentes, qui après fes couches a adminiftré des fecours à l'enfant, & qui a entretenu depuis commerce avec la mere. Tous ces faits ne font pas équivoques, & conduifent bien plus furement à la connoiffance de la verité, que ne peut le faire une déclaration informe, ouvrage de l'autorité & de la féduction, & qui n'eft propre qu'à prouver l'extrême crédit du féducteur.

3°. Il n'exifte au Procès de déclaration faite au profit de Villeneuve de Bourdeaux, qu'une qui eft doublement fauffe, foit en ce qu'elle eft dite faire partie d'un regiftre des dénonciations du Miniftere public, tandis qu'elle eft écrite fur une feuille volante, foit parce qu'elle eft écrite & fignée d'une autre main que celle de la Dlle. Favereau. Si on doute de l'un ou l'autre de ces genres de faux, il n'y a qu'à ordonner l'inftruction

de

de l'infcription de faux, qui eft quant à préfent arrêtée par l'effet des Ordonnances d'en jugeant mifes au pied des Requêtes des 28 Septembre &
3 Octobre 1725 ; la Cour en fera bientôt pleinement convaincue ;
on peut donc en conclure que ce font pieces fur lefquelles il eft impof-
fible d'affeoir aucun jugement, puifque ce font pieces fauffes, & que
juger fur ces pieces, feroit donner une feconde fois ouverture à la
Requête civile.

Guillet qui craint cette inftruction, & qui en redoute l'évenement,
prétend y échapper, en difant d'un côté que le fait ne peut être ni
admis, ni inftruit vis-à-vis de lui, parce que s'il y a du faux, il n'eft pas
de fon fait ; & de l'autre, parce que ce faux n'a point d'objet, d'autant
que la piece ne contient que la même déclaration, que la Demoifelle
Favereau eft convenuë avoir faite au Procureur du Roy de Coignac,
qu'elle étoit enceinte des œuvres du nommé Villeneuve de Bourdeaux.

1°. Guillet eft Partie néceffaire dans l'infcription de faux, la Sentence du 31 Mars 1722 lui a enjoint de déclarer, s'il entendoit fe fervir de la piece arguée de faux ; il a en conféquence fait fa déclaration qu'il prétendoit s'en fervir ; tant qu'il ne l'abandonnera pas, il faut
malgré lui qu'il affifte à l'infcription de faux, & il n'y a qu'avec lui que
l'inftruction puiffe s'en faire.

2°. Il n'eft point vrai que ce faux foit fans objet ; il y a en effet bien
de la difference, comme l'a toujours dit la Demoifelle Favereau, à
avoir cedé aux follicitations & aux importunitez de Guillet, & avoir
écrit fous fa dictée & fur du papier commun une déclaration informe
au profit d'un être imaginaire, que le féducteur fe chargea de porter lui-
même au Subftitut, chargé à Coignac du Miniftere public, ou de s'être
tranfporté chez ce Magiftrat, & d'y avoir figné fur fon regiftre une déclaration de groffeffe au profit d'un particulier. L'un eft une piece fé-
rieufe autorifée par la Loi & qui fait foi en public, l'autre eft un chiffon
méprifable qui a été déchiré par celui même qui l'avoit fait faire à
l'inftant qu'il l'a préfenté & qu'il a pris confeil, & fur laquelle il eft im-
poffible d'affeoir aucun jugement. C'eft vouloir confondre ce qu'il y a
de moins reffemblant, que de ranger dans la même claffe des actes d'une
nature fi differente.

3°. Guillet ne parvient à donner quelque poids à fon raifonnement,
& à en impofer, que parce qu'il fuppofe dans plufieurs endroits de fon
Mémoire, que la Demoifelle Favereau eft convenuë dans fa plainte du
23 Février 1716, qu'elle a fait fa déclaration au Procureur du Roy. Il
rapporte ces termes en lettres italiques, comme s'ils étoient copiez
d'après la plainte ; & il en conclut que cela fuppofe qu'elle a été chez le
Procureur du Roy, où elle a fait fa déclaration, & que par conféquent
elle ne l'a point faite ni écrite dans une cave.

Mais la plainte eft directement contraire à cette fuppofition. La Demoifelle Favereau y dit, *que Guillet ufant d'artifice pour empêcher que le*
pere de la Demoifelle Favereau ne le pourfuivît en crime de rapt, la follicita
fi fort, & ufa avec tant d'adreffe de l'empire abfolu qu'il avoit acquis fur fon
efprit, que craignant qu'il ne l'abandonnât en cet état, elle confentit qu'il lui
dictât une déclaration écrite & fignée d'elle ; par laquelle il lui a fait dire &

E

déclarer au Subſtitut de M. le Procureur General de Coignac, qu'elle étoit enceinte du fait & des œuvres d'un autre que de lui : Laquelle déclaration ne fut point portée par la Demoiſelle Favereau audit Subſtitut ; mais bien par led. ſieur Guillet lui-même, des mains duquel ledit Subſtitut eut la facilité de la recevoir, en quoi il a donné des marques de ſon dévouement pour ledit ſieur Guillet, duquel il eſt parent & allié.

La plainte ajoute, qu'une preuve que la Demoiſelle Favereau avoit été ſurpriſe, c'eſt qu'elle fut quelque tems après faire une autre déclaration au Greffe de la Police de Coignac, revêtuë des formalitez de l'Ordonnance, par laquelle elle déclara être enceinte des faits & œuvres du S^r. Guillet &c.

On voit que loin que la Dlle. Favereau ſoit convenuë dans ſa plainte d'avoir été chez le Procureur du Roy & y avoir fait ſa déclaration ; elle y dit expreſſément le contraire. Quand on crée des pieces, ou qu'on ſuppoſe des faits à ſon gré, il eſt bien facile d'en tirer des conſéquences avantageuſes ; mais heureuſement elles ne ſubſiſtent que juſques au contredit.

Guillet n'eſt pas plus exact ſur ce qui concerne la vraye déclaration faite au Greffe de la Police par la Demoiſelle Favereau. Après avoir dit qu'on ne prouve point par témoins qu'un acte a exiſté, il ajoute que la veuve Lanchere ne dit pas que la Demoiſelle Favereau ait déclaré à ſon mari de qui elle étoit groſſe, ni que ſon mari lui ait dit qu'elle eût fait une déclaration ſur ſon Regiſtre ; elle dépoſe à la vérité, continuët'il, qu'elle vit entre les mains de ſon mari un papier plié. Mais qu'eſt-ce que c'étoit que ce papier ? Que contenoit-il ? Elle ne le dit pas.

La dépoſition de la veuve Lanchere renduë dans ſa ſimplicité ſuffit pour détruire tout ce raiſonnement. Elle y dit *qu'il y a environ ſept ans que le frere de la Demoiſelle Favereau vint chercher ſon mari pour aller prendre la déclaration de la Demoiſelle Favereau au ſujet de ſa groſſeſſe ; & un moment après ſon mari revint, & lui fit voir un papier plié, & lui dit, voilà la déclaration de la Demoiſelle Favereau ; il eſt bien vrai qu'elle eſt groſſe.* On ne croit point que ces termes ſoient amphibologiques, ni qu'ils puiſſent laiſſer d'incertitude ſur le fait de la déclaration faite par la Dlle. Favereau. Il eſt vrai que cette déclaration n'eſt point rapportée, & qu'il n'eſt point dit dans la dépoſition au profit de qui elle étoit faite ; mais la premiere circonſtance ne peut point être imputée à la Demoiſelle Favereau, qui a fait ce que la Loy exigeoit d'elle, & ne provient que du crédit de Guillet, qui a trouvé le moyen de la faire ſupprimer, ou de la négligence de l'Officier public, qui, au lieu de l'écrire ſur ſon Regiſtre, ne l'a reçuë que ſur une feuille volante, très-aiſée à s'égarer. Quant à la ſeconde, cette déclaration ne pouvoit être faite qu'au profit de Guillet, puiſque c'eſt lui ſeul que les Témoins chargent d'une fréquentation continuelle avec la Demoiſelle Favereau ; & que d'ailleurs elle n'a été faite que pour réïterer le vice de la premiere. Si elle eût dû y être conforme, il eût été inutile de la réïterer.

Mais, dit-on, pourquoi n'avoir point ſuivi cette prétendue déclaration dans l'extrait-baptiſtaire de l'enfant, le frere de la Dlle. Favereau n'ignoroit pas la déclaration faite au Greffe de la Police. On ne peut pas dire, qu'il gémît, comme la Demoiſelle Favereau, ſous le joug de la féduction. Cependant la fille eft baptifée fans avoir voulu nommer le pere. Cette piece eft une preuve écrite, que Guillet n'étoit point le pere de l'enfant, & la fauffeté de l'accufation.

L'incertitude qui paroît regner dans l'extrait-baptiftaire du 25 Mars 1710, n'a été produite que par la crainte de donner un titre au fieur Favereau pere pour pourfuivre le fieur Guillet, & d'occafionner par-là une rupture avec le fieur Guillet que la Dlle. Favereau croyoit devoir d'autant plus ménager, qu'il la flattoit toujours de l'efperance de lui tenir la parole de l'époufer, quand les chofes y feroient difpofées ; mais cette incertitude même eft plus contraire encore au fieur Guillet qu'elle ne lui eft favorable. 1°. Parce qu'elle prouve que Villeneuve de Bourdeaux étoit un être de raifon, & que la déclaration à fon profit n'a pas été plûtôt faite, qu'elle a été abandonnée. S'il eût réellement exifté, & qu'il eût été le pere de l'enfant, il n'eût pû y avoir aucune raifon de ne le pas déclarer. 2°. Cette incertitude eft levée & diffipée, non-feulement par les faits de traitement & d'éducation que le fieur Guillet n'a ceffé d'adminiftrer depuis à l'enfant & à la mere ; mais encore par l'extrait-baptiftaire du fecond enfant du 20 Août 1713 , baptifé comme fille du fieur Guillet ; & où la premiere a tenu fa fœur fur les fonts de Baptême, & a pris le nom de Marie Guillet.

Il eft vrai que ce fecond extrait n'eft point figné du fieur Guillet, & qu'il ne paroît point avoir été préfent lors du Baptême ; mais il a eu connoiffance de tout ce qui s'étoit paffé, & il l'a approuvé par toute fa conduite. Inutilement défie-t-il dans fon Mémoire d'en rapporter la plus legere preuve. Cette preuve exifte au Procès par toutes les dépofitions des Témoins qui juftifient qu'il n'a pas été moins exact à fournir à ce fecond enfant les fecours convenables qu'au premier, & qu'il a continué à la mere & à la fille les mêmes vifites fréquentes qu'il leur faifoit auparavant.

Après cela, il eft inutile d'établir le mérite des Lettres de refcifion prifes par la Dlle. Favereau contre la déclaration par elle faite au profit de Villeneuve de Bourdeaux. Ces Lettres n'ont jamais été prifes contre la déclaration aujourd'hui repréfentée par le fieur Guillet, puifque la Demoifelle Favereau a foutenu dans tous les tems, qu'elle n'étoit ni écrite ni fignée de fa main ; mais contre celle qu'elle étoit convenuë dans fa plainte avoir donnée à Guillet, qu'elle croyoit qu'il repréfenteroit. Cette piece n'étant point repréfentée, les Lettres de refcifion tombent d'elles-mêmes : Quand elle l'auroit été, le vice de cette déclaration dans la forme, & la fauffeté prouvée de ce qu'elle contient qui eft établie au Procès, n'eût point encore permis d'y avoir égard. La Juftice ne peut reconnoître pour pere de l'enfant, que celui qui eft convaincu du commerce le plus intime avec la mere pendant fa groffeffe, & depuis fon accouchement d'avoir procuré à fon enfant les fecours que fa fituation exigeoit. Tout le refte n'eft qu'une fiction, qui n'eft que l'ouvrage évident de la féduction, & qui eft indigne de foutenir fes regards.

Il eft tems de paffer au fecond objet, qui concerne la fille née en 1713.

SECOND OBJET.

Cette fille a conſtamment un extrait-baptiſtaire en ſa faveur, qui eſt clair & précis, & qui nomme le ſieur Guillet pour ſon pere. L'Arrêt du 3 Octobre 1725 l'avoit en conſéquence déclaré ſa fille, & Guillet ſe glorifie d'avoir en cette partie exécuté l'Arrêt, de l'avoir élevée & de l'avoir mariée depuis ; mais le point critique eſt de ſçavoir ſi celle qu'il a depuis repréſentée eſt la même que celle dont la Demoiſelle Favereau eſt accouchée. D'un côté, il prétend que ce n'eſt point lui qui l'a fait enlever en 1715 ; mais au contraire la Demoiſelle Favereau : Et de l'autre, qu'elle a été reconnuë par la plus grande partie des Habitans du Village où elle a été élevée, pour être la même que celle qui y avoit été nourrie comme ſa fille.

Par rapport au premier point qui tend à charger la Dlle. Favereau de l'enlevement de l'enfant, il eſt une preuve qu'il n'y a rien que la témérité d'un Accuſé ne puiſſe entreprendre. Non-ſeulement la Demoiſelle Favereau n'avoit aucune raiſon qui pût l'engager à vouloir faire diſparoître cet enfant, au riſque de le faire perir ; & ſa tendreſſe pour cet enfant lui en permettoit encore moins l'idée. Elle avoit au contraire toutes les raiſons les plus fortes, dans la pourſuite qu'elle voyoit qu'elle ſeroit obligée de faire contre Guillet, de conſerver prétieuſement cet enfant, comme une preuve de la ſéduction dont il étoit l'auteur, & de la néceſſité des ſecours qu'elle ſe propoſoit de demander à la Juſtice.

Guillet au contraire qui ne ſe regardoit point chargé du premier enfant, au moyen de la déclaration qu'il s'étoit fait donner par la Demoiſelle Favereau, & qui penſoit qu'il n'y avoit que le ſecond qui pût dépoſer contre lui, par la déclaration faite en ſa faveur dans ſon extrait-baptiſtaire, croyoit avoir le plus grand interêt de le faire diſparoître, afin de faire ceſſer par ſon ſeul défaut de repréſentation les pourſuites qu'il craignoit. C'eſt de-là qu'eſt parti l'ordre cruel de le faire enlever de chez ſa nourrice, & de le faire conduire à l'Hôpital de Bourdeaux. Vouloir y donner une autre origine & mettre ſur le compte de la Demoiſelle Favereau l'ouvrage du ſieur Guillet ſeul, c'eſt non-ſeulement choquer la vérité, c'eſt encore bleſſer toutes les regles de la vrai-ſemblance. Et on oſe dire, que quand il ſeroit vrai que les Témoins favoriſeroient une opinion auſſi ſinguliere, il ſeroit encore impoſſible d'y ajoûter foi, par le ſeul concours des préſomptions de droit qui y ſont abſolument contraires.

Mais il s'en faut bien, comme Guillet le voudroit perſuader, que les informations ſoient favorables à ce nouveau ſiſtême. Montaulard eſt le ſeul Témoin qui ait dépoſé de ce fait dans ſon interrogatoire, parce qu'on lui a fait ſentir que la ſeule maniere d'échaper aux peines qu'il méritoit étoit de charger la mere de cet enlevement. On n'a jamais imaginé d'oppoſer à l'Accuſatrice l'interrogatoire de l'Accuſé. C'eſt par le mérite des informations qu'il faut juger du contenu en ſa dépoſition.

Il n'eſt point vrai que la Courſaut ſœur de lait de la Demoiſelle Favereau, l'ait chargée de cet enlevement, ni dépoſé, comme on l'inſinuë,

nuë, que la Demoiselle Favereau l'avoit chargée d'avertir la nourrice qu'on viendroit retirer l'enfant, & qu'elle tînt ses hardes prêtes. Il n'y en a pas un mot dans la déposition de la Coursaut. Ce fait ne se trouve que dans la déposition de Marie Aucher, qui dépose que quelques jours avant l'enlevement de l'enfant, la Coursaut vint l'avertir qu'on vouloit lui ôter l'enfant ; mais loin de dire que ce fût de la part de la Demoiselle Favereau qu'elle reçut cet avis, elle dit qu'on vint de la part du sieur Guillet, ce qui prouve que lui seul présidoit à toute cette manœuvre, & que la Demoiselle Favereau n'en eut aucune connoissance. La Coursaut développe dans sa déposition la maniere dont elle fut consommée.

Elle dit que le nommé Montaulard, autrement dit Limousin, étant arrivé chez elle le 19 ou 20 Mars 1715, à la pointe du jour, monté sur un cheval ; il lui dit qu'il étoit envoyé de la part du sieur Guillet, pere de la fille, qu'elle étoit chargée de faire mettre en nourrice à Fraigneau, pour la prier de se transporter avec lui au lieu de Fraigneau, pour lui faire donner ladite fille ; qu'il avoit ordre dudit sieur Guillet de l'emporter. Et sur ce qu'elle vit ledit Limousin monté sur un cheval noir, avec un manteau blanc, elle lui demanda à qui appartenoit ledit cheval & manteau. Il lui fit réponse que c'étoit au sieur Guillet ; & après avoir déjeuné dans sa maison, elle se mit en chemin pour aller avec lui au lieu de Fraigneau, où étant chez la nommée Marie Aucher, nourrice de la petite fille ; ledit Limousin paya deux mois de nourriture dudit petit enfant, & dit à la nourrice de lui donner son linge & ladite petite fille ; à quoi la nourrice ayant demandé pourquoi on vouloit lui ôter cet enfant pour le donner à une autre, où il ne seroit pas mieux que chez elle ; il fit réponse qu'il avoit ordre dudit Guillet de l'emporter, parce qu'il la trouvoit trop éloignée de lui, & la vouloit mettre plus près de lui, chez des personnes qui lui devoient de l'argent ; ce qu'ayant oui la nourrice, elle donna ladite petite fille audit Limousin, qui la mit devant lui, & vint avec elle jusqu'auprès de sa maison, où elle vouloit le faire descendre pour chauffer ledit enfant, & se reposer, ce qu'il ne voulut faire, disant qu'il avoit ordre de se rendre où le sieur Guillet vouloit que ladite fille fût, & qu'il y avoit des gens qui l'attendoient dès le jour précedent ; qu'il ne passoit pas à Coignac, mais bien aux lieux & Villages des Palins, chez les Chaigneux & chez Fronin & à Saint Trogeant, & incontinent il la quitta. Qu'elle lui dit, vous avez bien parti du matin de Coignac, M. de la Grave étoit-il levé ? Il lui fit réponse que la veille au soir il lui avoit donné le loquet de sa porte pour prendre son cheval & son manteau.

Tous les autres Témoins entendus dans la même information, & singulierement les dixiéme, quatorziéme, vingt-uniéme, vingt-deuxiéme, vingt-troisiéme, vingt-quatriéme, & vingt-cinquiéme, déposent des mêmes circonstances & en attestent la verité. Tant de dépositions réunies qui justifient que Montaulard lui-même, lors de l'enlevement, étoit monté sur le cheval de Guillet & avoit son manteau, & qu'il a déclaré venir par son ordre, ne permettent pas de se méprendre sur le véritable auteur de l'enlevement, ni d'ajouter aucune foi à ce que Montaulard, guidé par Guillet, a voulu dire de contraire dans son interrogatoire.

Il y a plus, le douziéme Témoin entendu dans cette information, dépofe : *Qu'au mois d'Octobre* 1715 *, étant de retour de la Ville de Bour-deaux où il avoit été avec fon Maître conduire des marchandifes , & où par occafion il avoit mené la Demoifelle Favereau, il fit rencontre fur le pavé de la Ville de Coignac, du fieur Guillet, qui lui demanda , s'il étoit vrai que fon Maître eût mené à Bourdeaux la Demoifelle Favereau. Il lui répondit qu'oui , & qu'il y avoit long-tms qu'on lui avoit promis un Cheval ; & le fieur Guil-let lui répondit que fon Maître avoit tort , d'autant qu'il lui avoit dit qu'il lui payeroit le voyage la même chofe pour ne la pas mener.* Cette dépofition d'un Témoin non fufpect , éclaire fur le véritable auteur de l'enlevement de l'enfant. Si ce n'eût point été de l'ordre de Guillet qu'il avoit été enlevé, il n'eût eu aucun interêt d'empêcher la Demoifelle Favereau d'aller à la recherche de cet enfant, & ne fe fût point oppofé à ce qu'on la menât dans les lieux où elle pouvoit en avoir des nouvelles. Cependant c'eft lui qui s'y oppofe , & qui confent payer aux Voituriers qui fe prefen-tent, le même prix pour ne la pas mener qu'ils auroient eu en la menant. Une démarche auffi indifcrete ne permet pas de fe méprendre fur l'ef-prit qui faifoit alors agir Guillet , ni d'en méconnoître le principe.

A l'égard du fecond point qui concerne la reconnoiffance prétendue faite par Marie Aucher , de l'enfant à elle reprefenté, pour être le même que celui qu'elle avoit nourri , il y a preuve au Procès :

1°. Que Louis Gueftreau, mari de Marie Aucher, étoit venu lui même à Coignac dire au pere & au frere de la Demoifelle Favereau , qu'on avoit furpris fa femme , & que l'enfant qu'on lui avoit apporté n'étoit point le même que celui qu'elle avoit nourri.

2°. Que cette nourrice n'eût pas plutôt figné cet acte de reconnoif-fance, à l'inftigation de Guillet & du Curé d'Ains, qui crut devoir s'en mêler dans la vûe d'affoupir cette affaire, & d'empêcher qu'elle n'eût de plus fâcheufes fuites, qu'elle fe repentit , & fit venir un Notaire pour paffer une déclaration toute contraire , & qu'il n'y eût que l'ab-fence du Notaire qui ne fe trouva pas chez lui, & la crainte de payer les frais de cet acte, & une autre fois, celle d'être punie comme Fauffaire, à laquelle on lui infinua qu'elle s'expofoit fi elle fe retractoit , qui l'en empêcha.

3°. Que la plupart des Témoins ont dit ne la pas reconnoître pour le même enfant , attendu que la fille de la Demoifelle Favereau avoit les yeux bleus, & une marque au coin de l'œil, que la petite verole lui avoit laiffé, & que celle-là les avoit roux & encavez, & n'avoit point cette marque.

4°. Que d'autres ont déclaré que la Gauthier s'étoit contrariée en plu-fieurs chofes de ce qu'elle avoit dit, & que cette contrarieté prouvoit qu'il y avoit de la fourberie à elle , ce qui joint au Procès-verbal de per-quifition fait de fa perfonne , fans qu'elle ait ofé fe reprefenter, ne permet pas de douter de l'indigne complot auquel elle s'étoit portée.

5°. Que ce fut le nommé Birolleau qui fut chargé de l'achat du nou-vel enfant , & qu'il eft lui-même convenu qu'il coutoit beaucoup d'ar-gent ; mais qu'il efperoit par ce moyen qu'ils gagneroient leur Procès.

Vainement pour affoiblir ces preuves de difference , Guillet releve-t'il que l'enfant qu'il a reprefenté s'eft trouvé caracterifé de la même marque, d'avoir les deux doigts du pied gauche joints, qu'avoit la fille de la Demoiſelle Favereau. Tous les Témoins entendus dans l'enquête de la Demoiſelle Favereau ont dépoſé qu'ils n'avoient jamais vû cette marque à la fille de la Demoiſelle Favereau avant l'enlevement du 20 Mars 1715, quoiqu'ils l'euſſent vû deshabiller plus de vingt fois; ce qui fait tomber l'induction qu'on s'efforce d'en tirer dans le Mémoire du ſieur Guillet. Si quelques-uns des Témoins de l'Enquête de Guillet ont paru reconnoître cette fille à cette marque, ils ne l'ont fait qu'en conſéquence des ſollicitations réiterées de Guillet qui a acheté leur ſuffrage à prix d'argent, & leur témoignage merite d'autant moins d'attention, qu'il eſt démenti par celui-même de la Nourrice de l'enfant & de ſon mari, puiſque ſi l'enfant de la Demoiſelle Favereau eût eu en effet cette marque, il leur auroit été impoſſible de s'y méprendre lorſqu'elle leur a été repreſentée, & qu'ils n'auroient pû ſe plaindre comme ils firent de la ſurpriſe qui leur avoit été faite pour les engager à la reconnoître.

On ne peut donc pas douter que Guillet ne ſoit atteint & convaincu de tous les crimes déferez à la Juſtice par la Demoiſelle Favereau. L'Arrêt du 3 Octobre 1725, qu'il dit avoir exécuté, & ſur lequel il ſe fonde pour appuyer l'identité de l'enfant qu'il repreſente avec celui enlevé par ſes ordres le 20 Mars 1715, ne peut lui être d'aucun ſecours, puiſqu'il eſt anéanti par la Requête civile de la Demoiſelle Favereau que la Cour a entherinée. Il faut examiner de nouveau ce point, & cet examen ne peut conduire qu'à des peines infiniment ſéveres contre lui.

Mais ce qui peut encore moins ſouffrir de difficulté, ce ſont les juſtes dommages & interêts dûs à la ſucceſſion de la Demoiſelle Favereau. Que de titres réunis concourent pour les lui aſſurer!

D'un côté, c'eſt une fille trompée dans le principe ſous les promeſſes d'un mariage; depuis traitée de la maniere la plus indigne, par celui même qui devoit avoir le plus d'égard pour elle, & de qui les foibleſſes auſquelles elle s'étoit portée, exigeoient plus de menagement; qui a paſſé toute ſa vie dans les larmes & dans la douleur; qui a épuiſé toute ſa fortune pendant vingt ans, pour obtenir la réparation des attentats commis contr'elle, & qui y a enfin ſuccombé. De l'autre, la Cour voit un ſéducteur, qui pour effacer les traces de ſa ſéduction, s'eſt crû permis de recourir aux voyes les plus odieuſes & les plus criminelles. Ç'a été peu d'avoir rendu enceinte la Demoiſelle Favereau, & d'avoir extorqué d'elle, à l'égard du premier enfant dont il étoit pere, une fauſſe déclaration; il lui a enlevé ſon ſecond enfant, & lui a donné la mort, ſinon de deſſein prémédité, du moins par une ſuite de toutes les horreurs qui ont accompagné & ſuivi cet enlevement; & comme un crime en entraîne toujours un autre, il en a depuis ſubſtitué un autre, & il a donné lieu par tous ces délits à l'inſtruction extraordinaire ordonnée contre lui par l'Arrêt du 31 Juillet 1719. Que n'en a-t-il point couté à la Demoiſelle Favereau pour ſuivre cette inſtruction? Combien de voyages; combien de faux frais; combien de dépenſes néceſſaires qui n'entrent point en taxe; enfin, combien de dépens réels, & dont les pieces exiſtent, dont la taxe ſeule montera à près de 10000 écus. Il eſt juſte que Guillet, coupable de tant de délits, & dont la conduite plus contraire encore aux regles de l'honneur qu'aux diſpoſitions préciſes des Loix excite la plus juſte indignation, expie du moins par une condamnation de dommages & interêts, & de dépens, tant de forfaits, s'il eſt aſſez heureux pour échapper aux peines capitales que les crimes dont il étoit juſtement accuſé meritoient.

Monſieur SEVERT, Rapporteur.

Mᵉ. BROUSSE, Avocat.

DE RECICOURT, Procureur.

De l'Imprimerie de PAULUS-DU-MESNIL, ruë Ste. Croix en la Cité 1744.